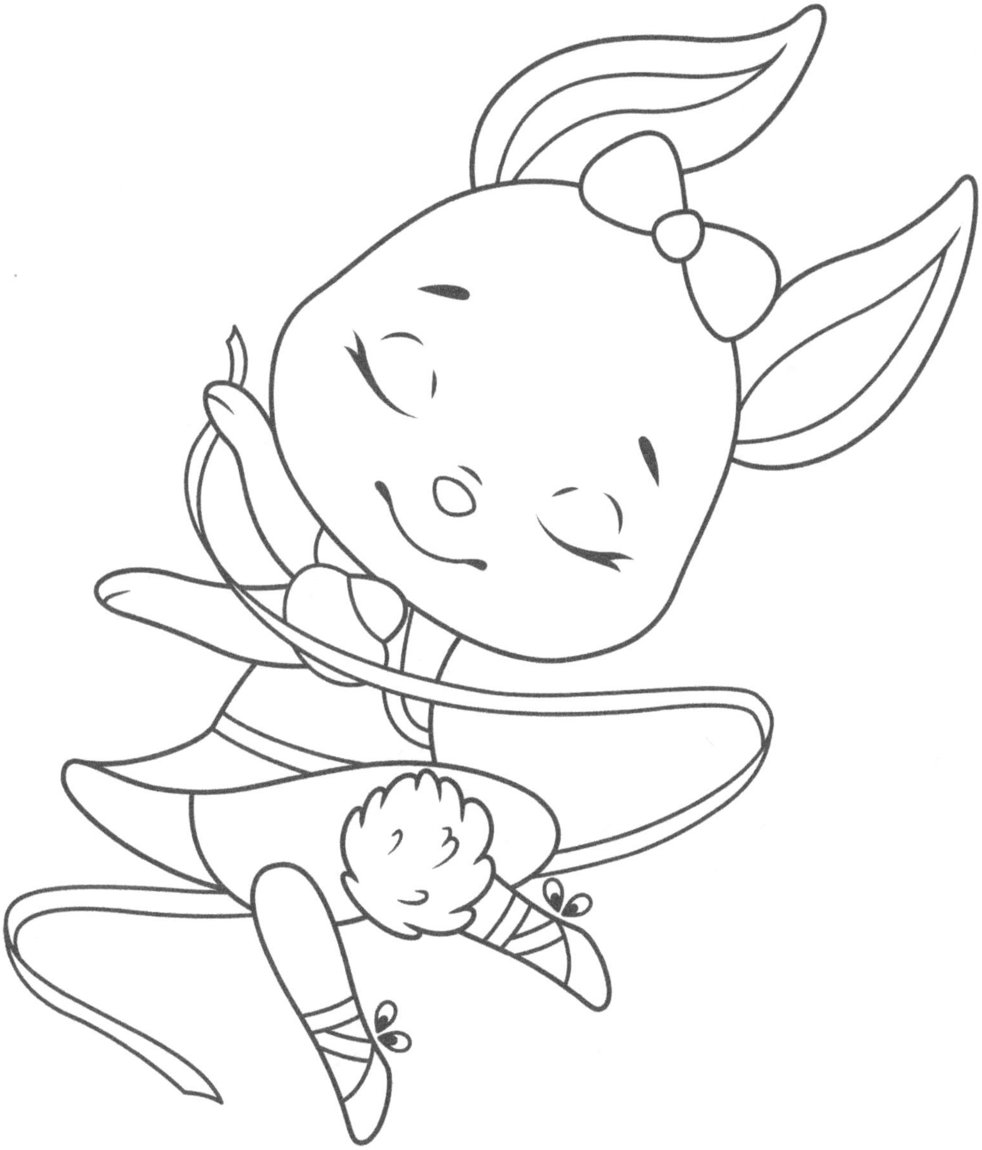

I'm Bunniella

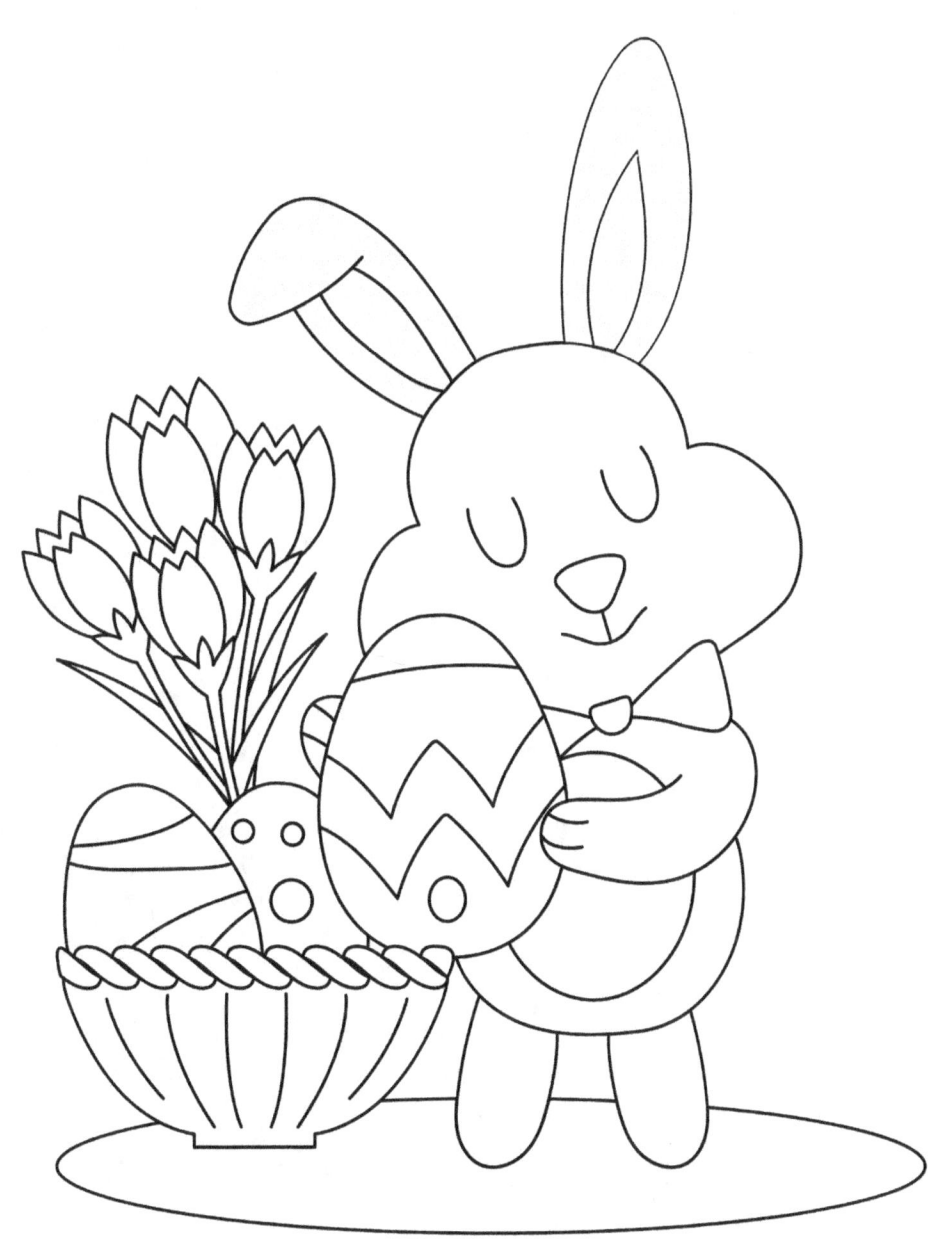

I'm Eggbert

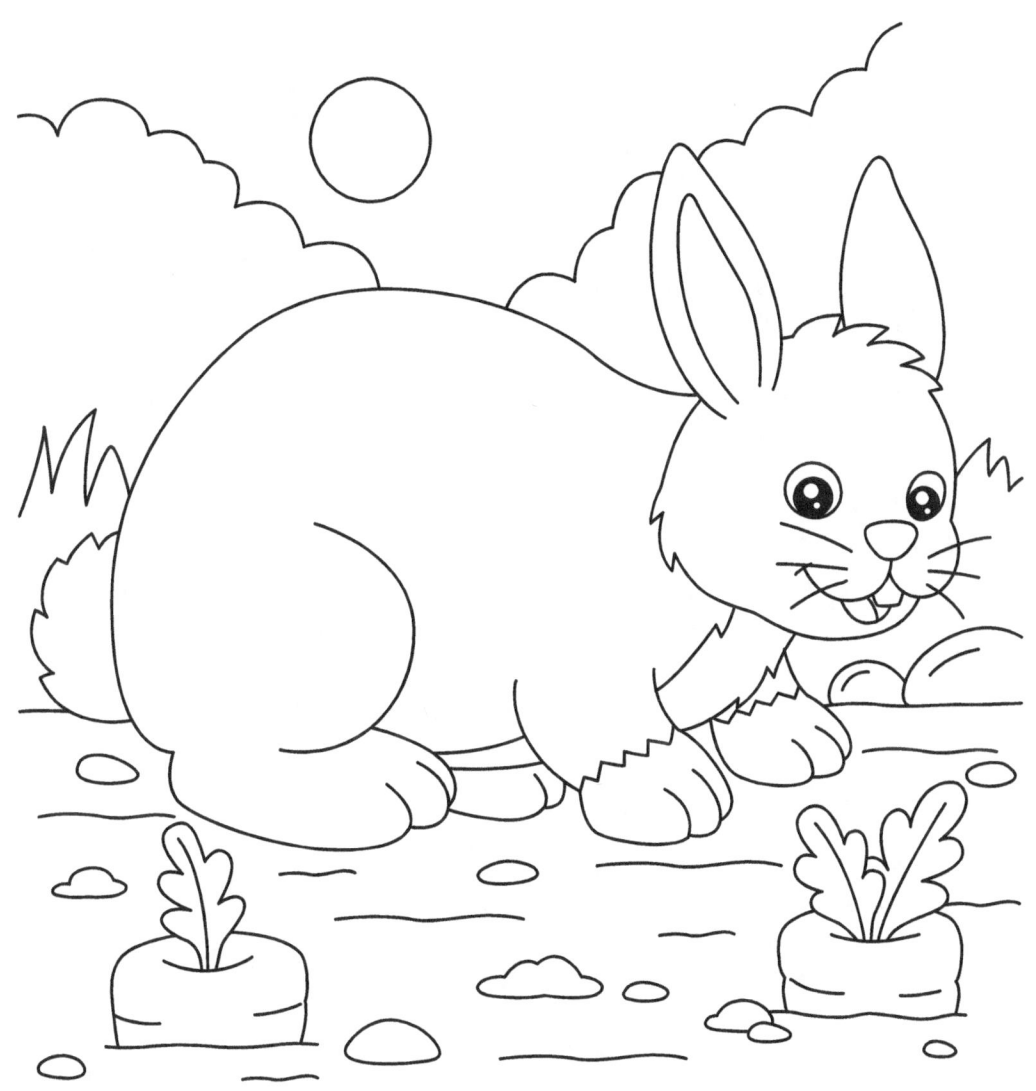

I'm Carrotsparkle

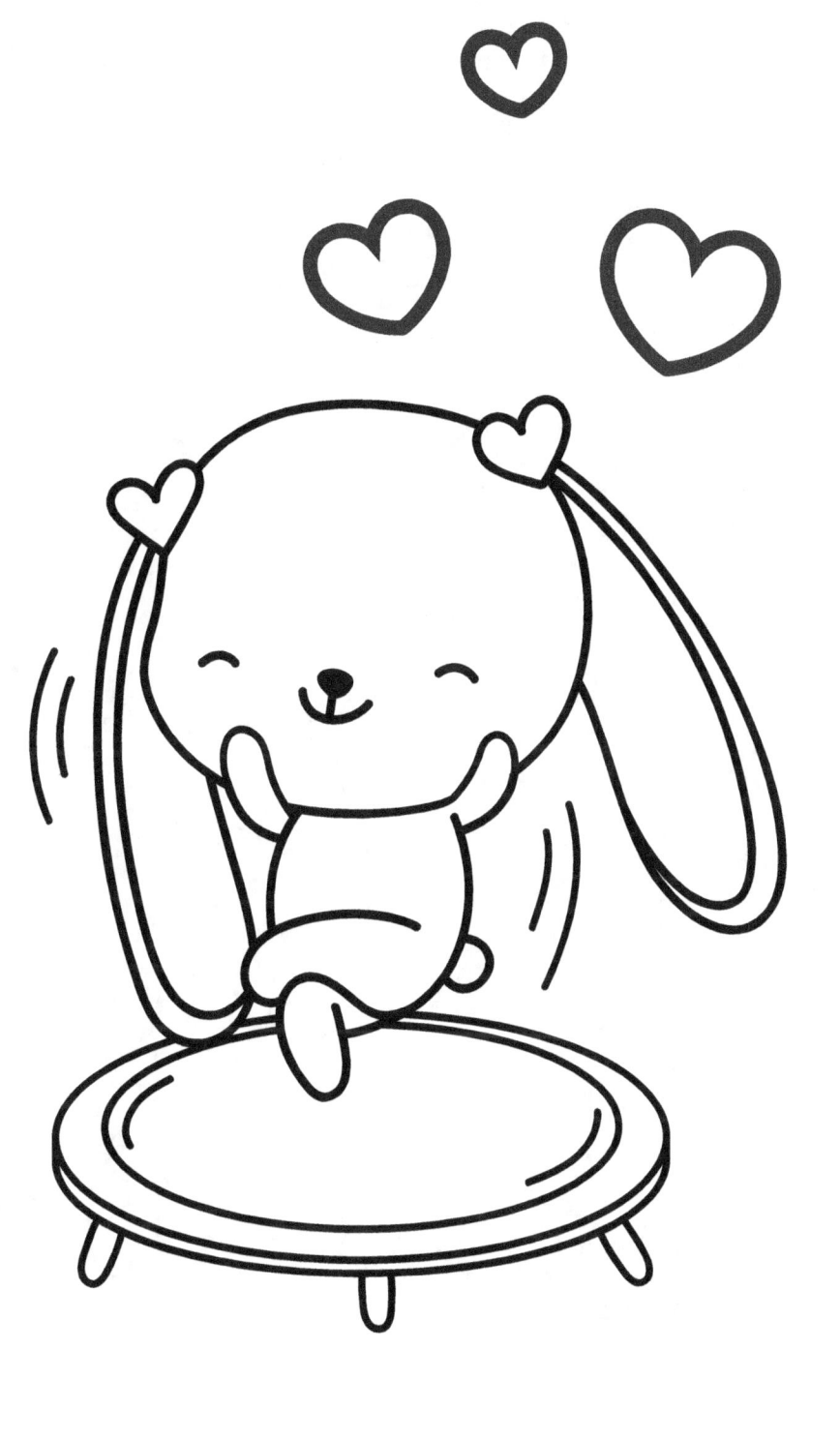

I'm Lovebun

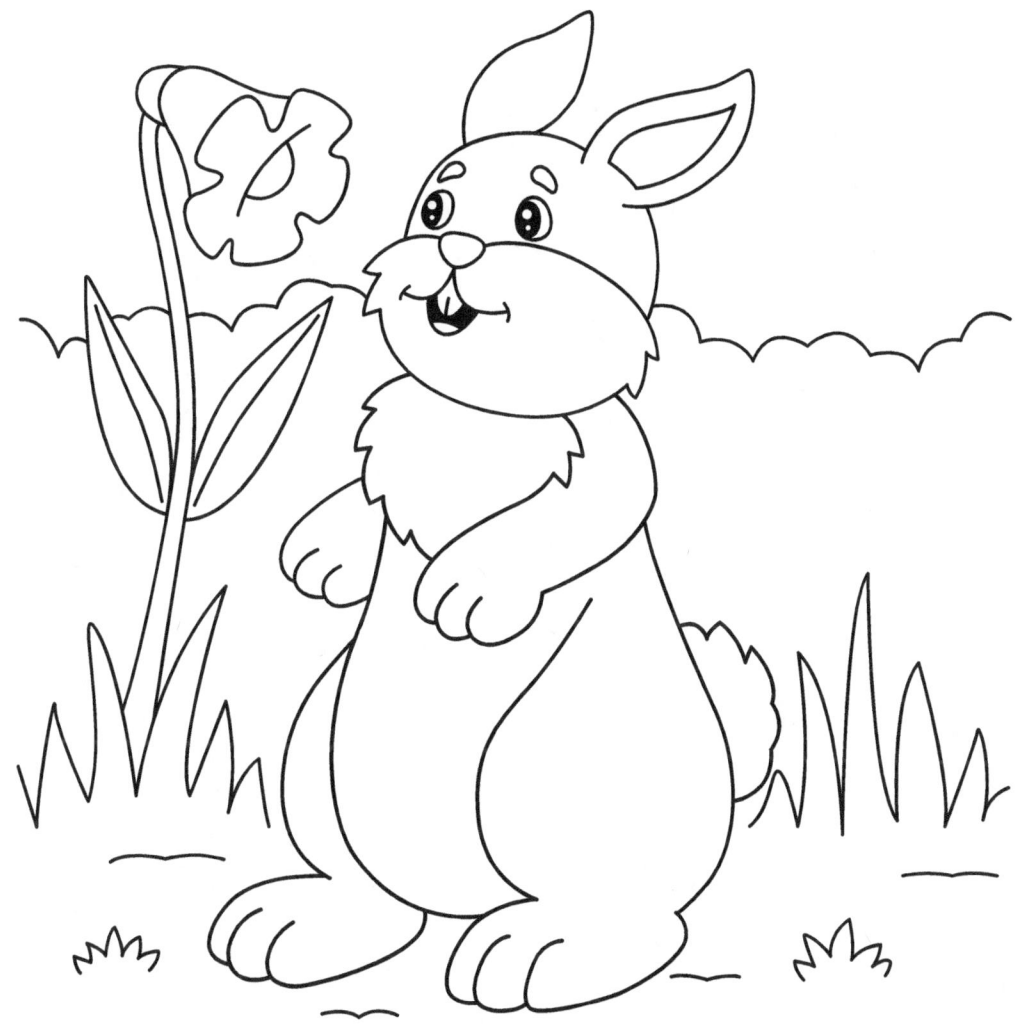

I'm Flufflepetals

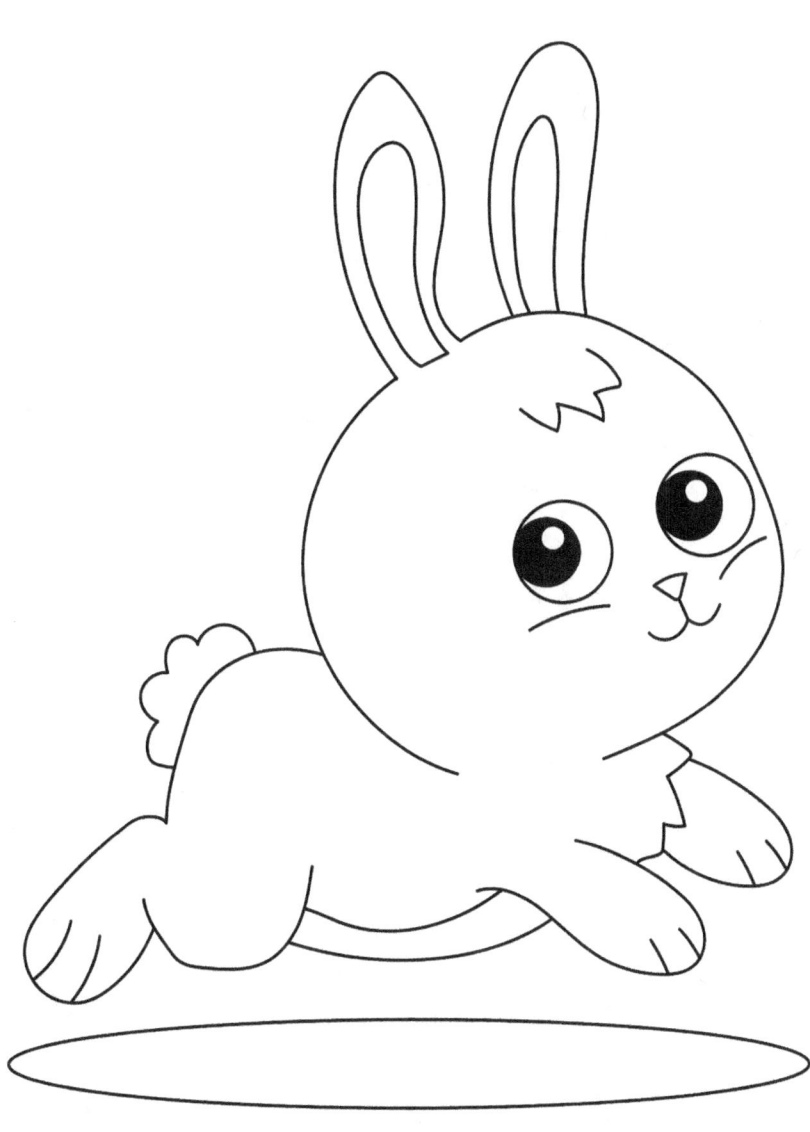

I'm Bunbun.

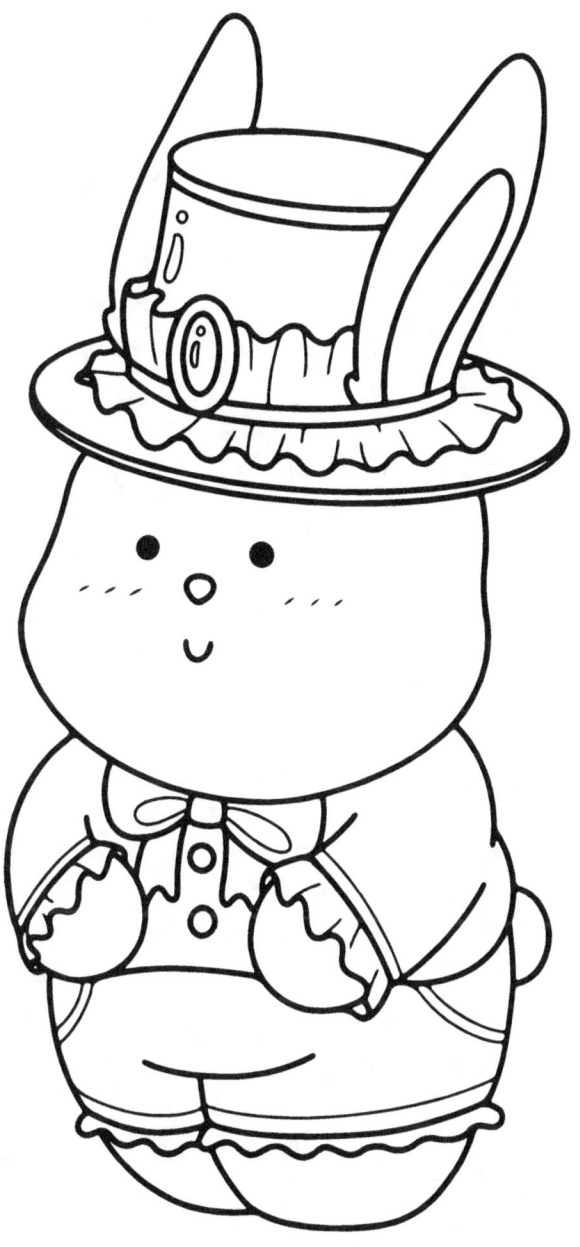

I'm Majesty

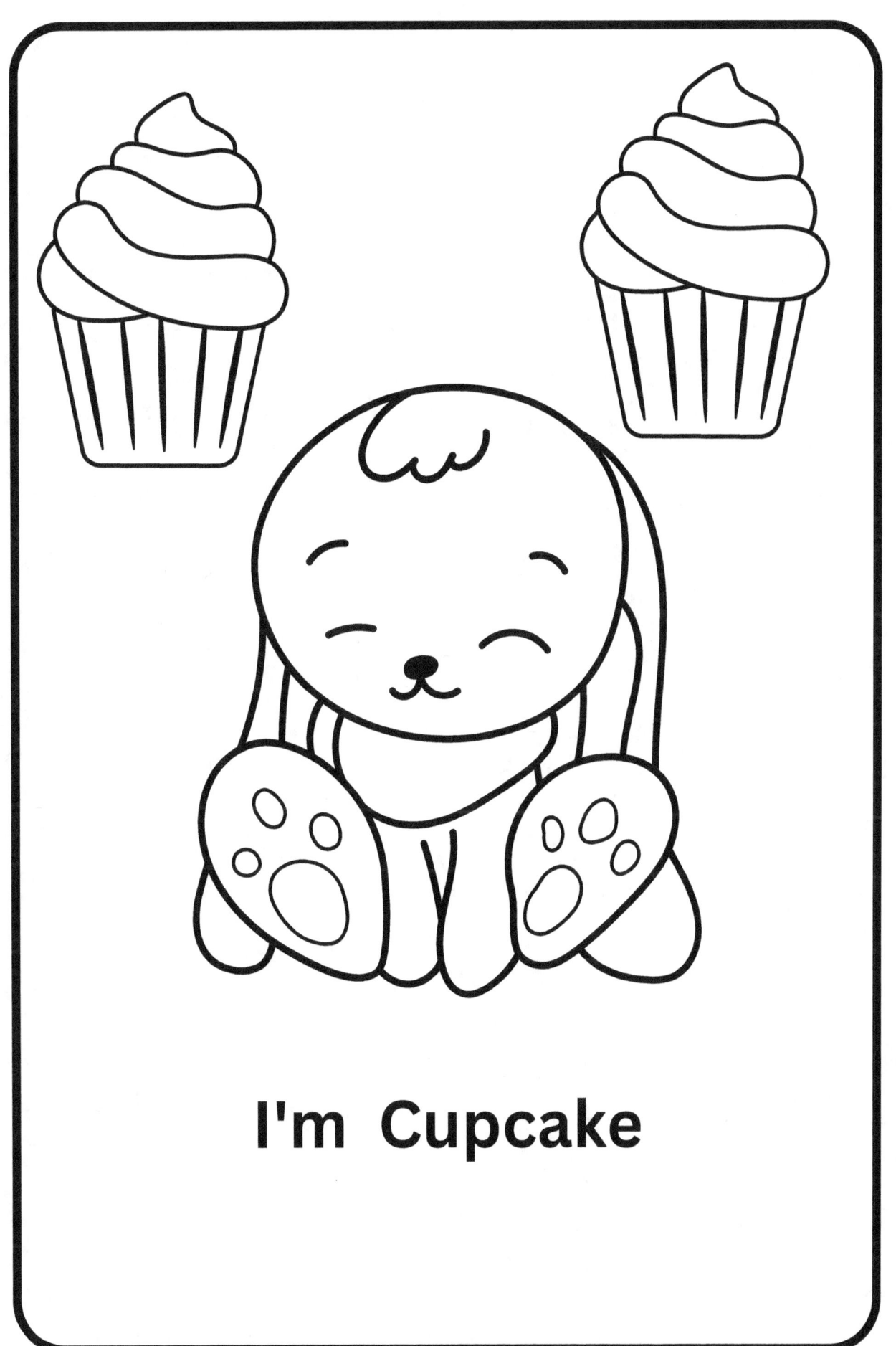

I'm Cupcake

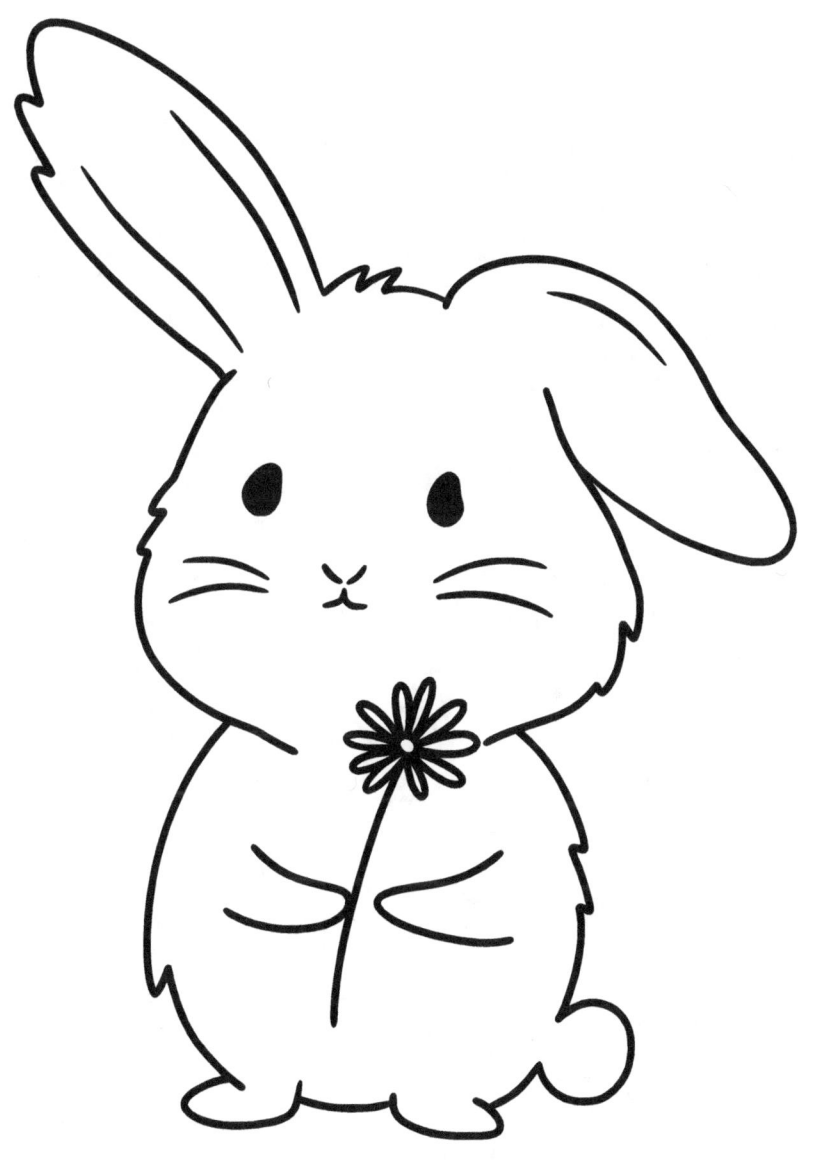

I'm Sage

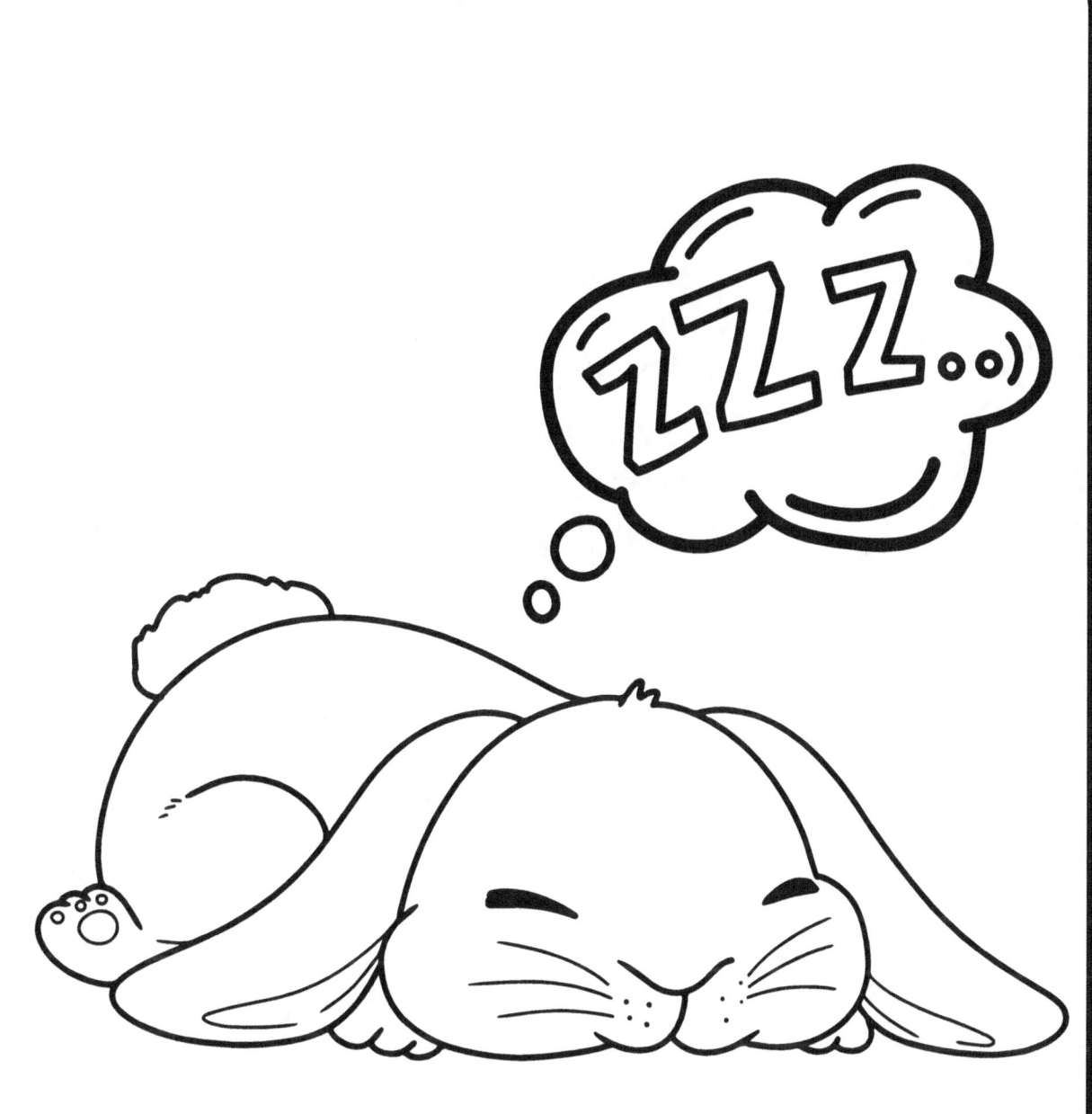

I'm Snoozer

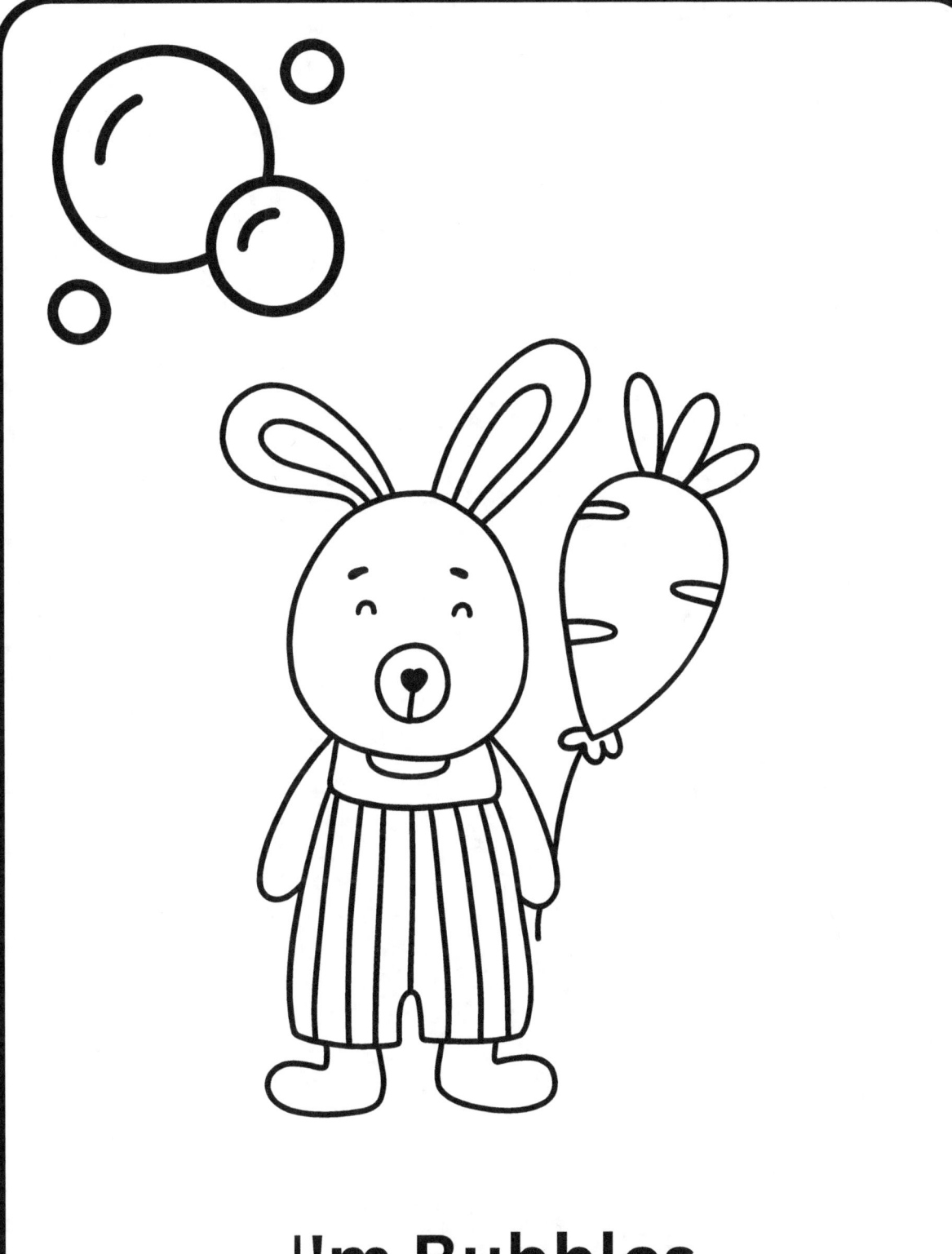

I'm Bubbles

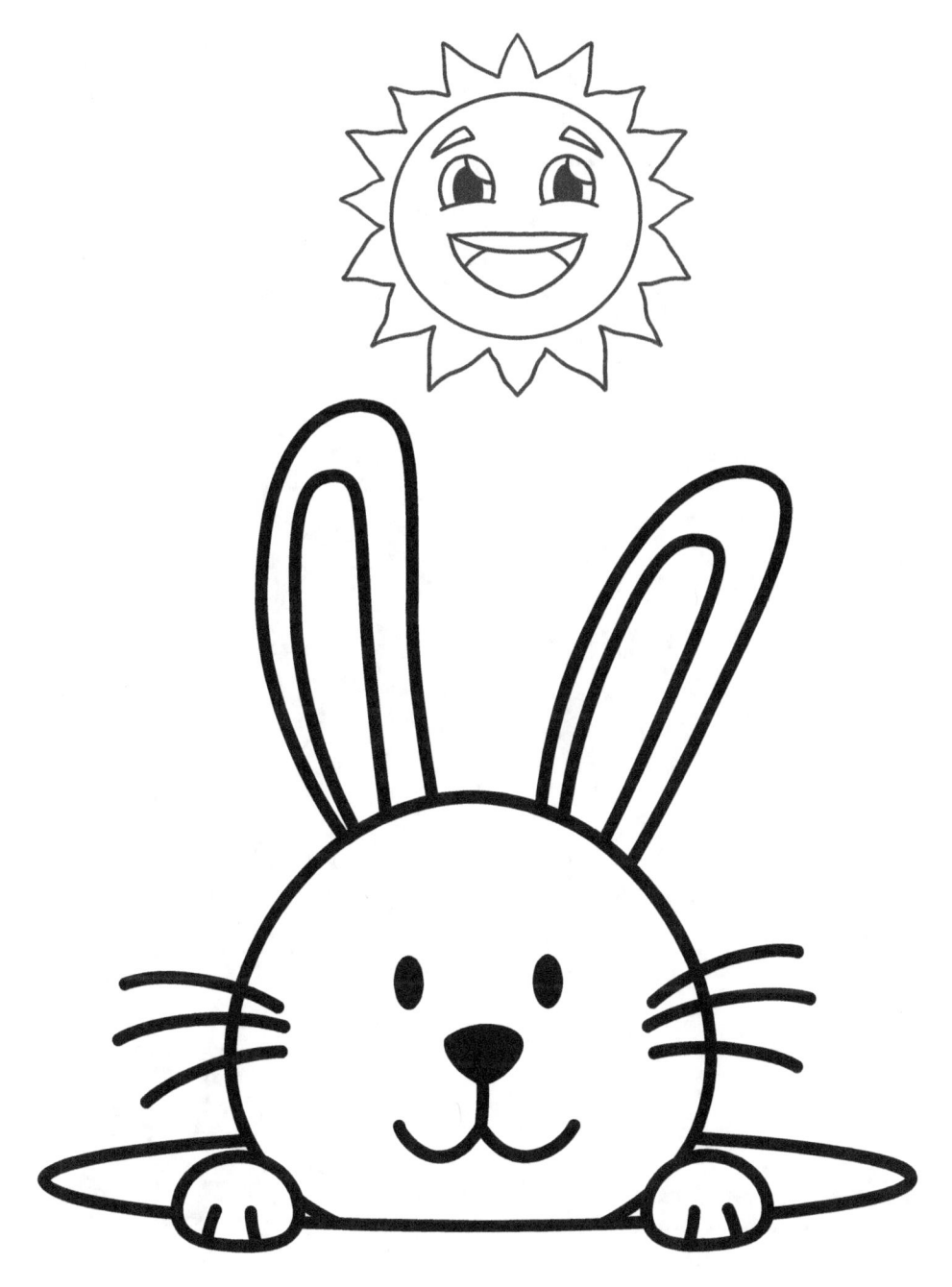

I'm Sunshine

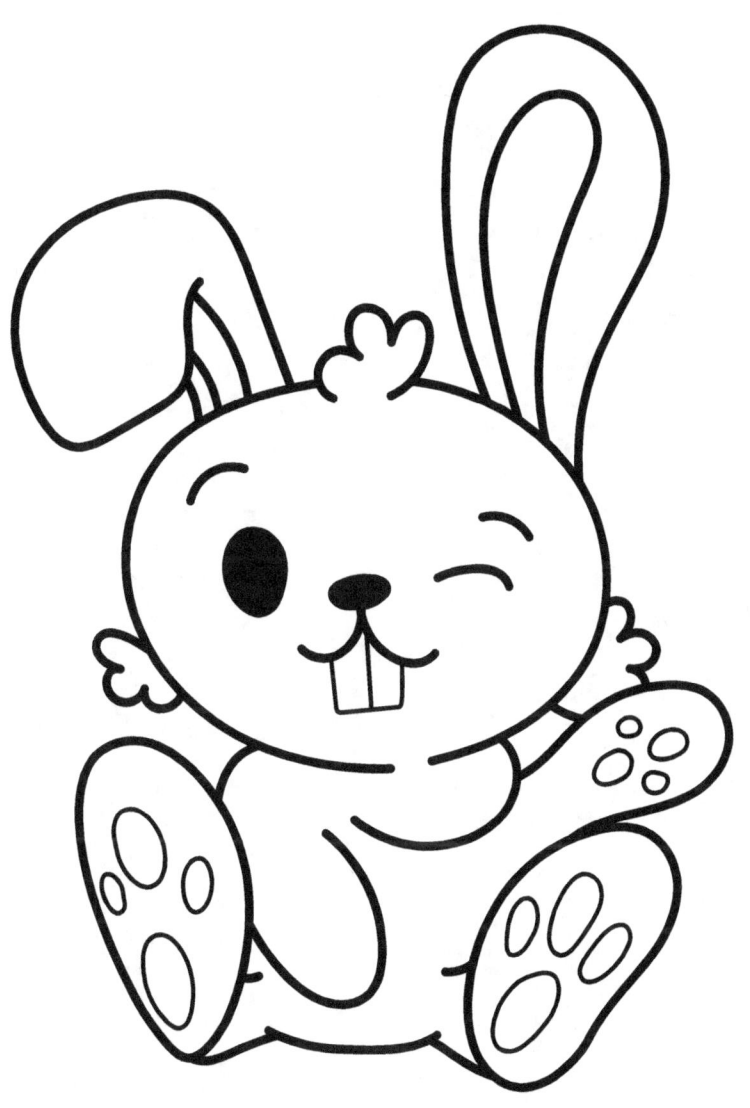

I'm Trickster

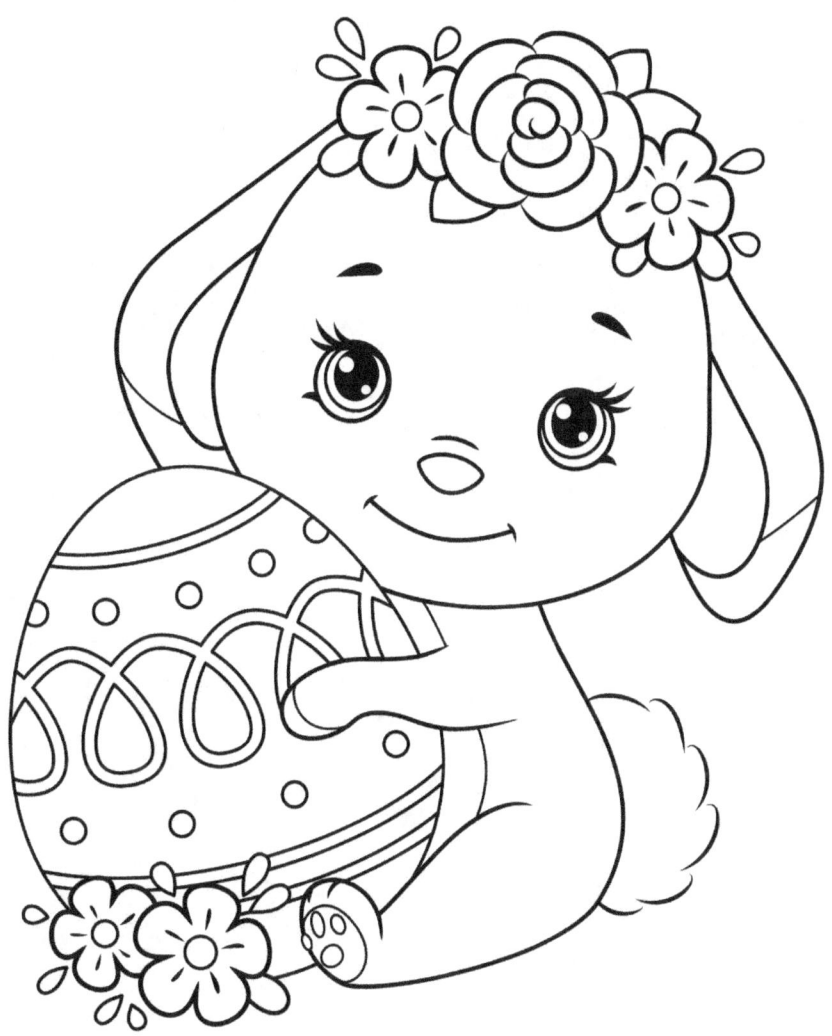

I'm Blossom

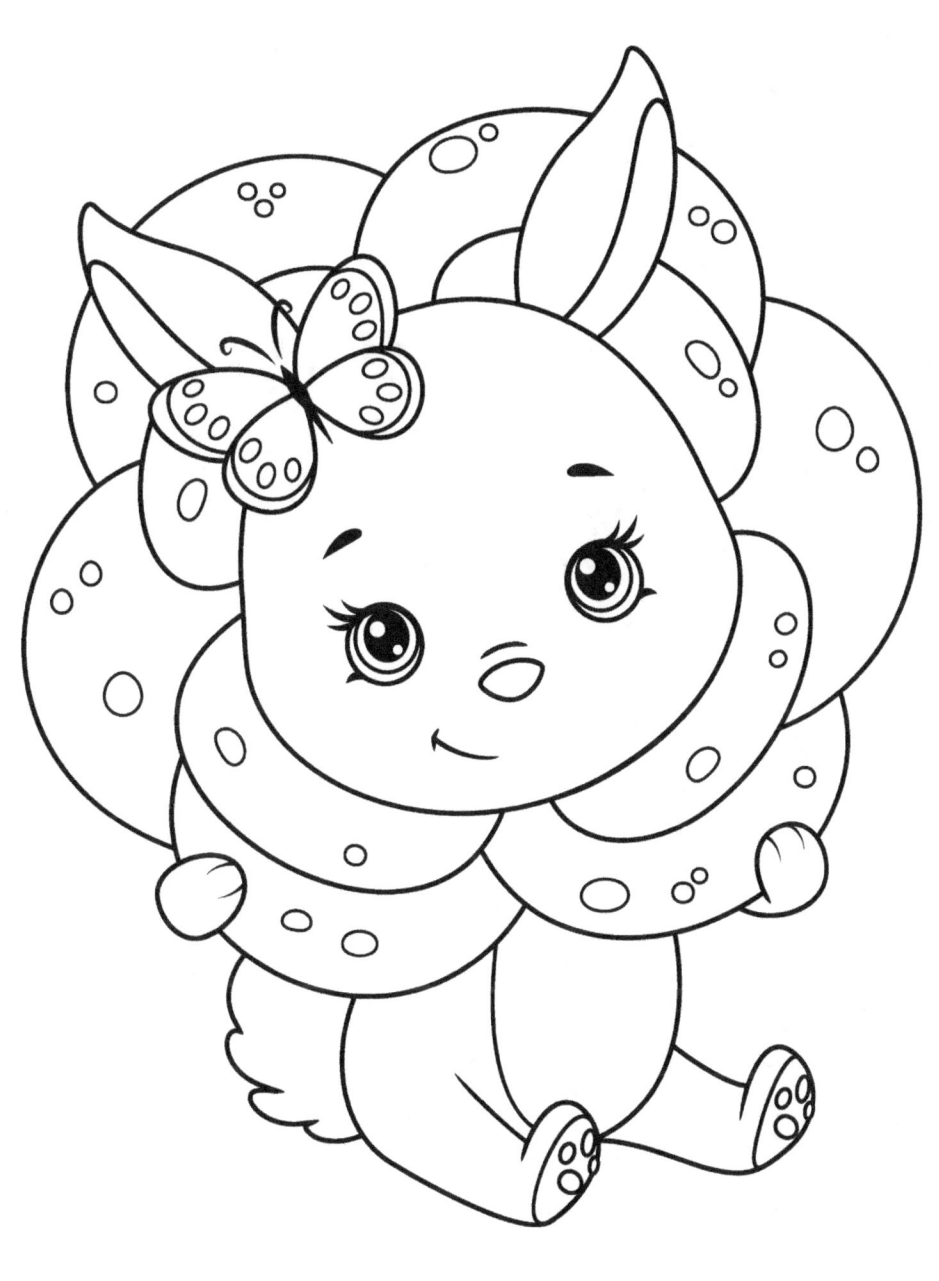

I'm Bijou

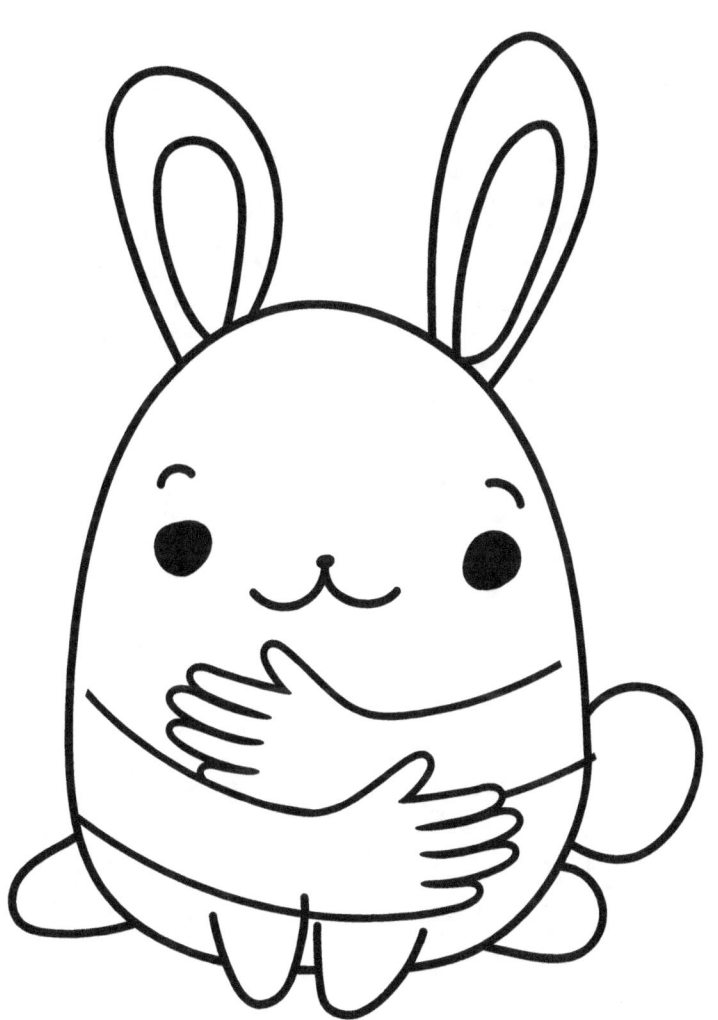

I'm Cuddle Bun

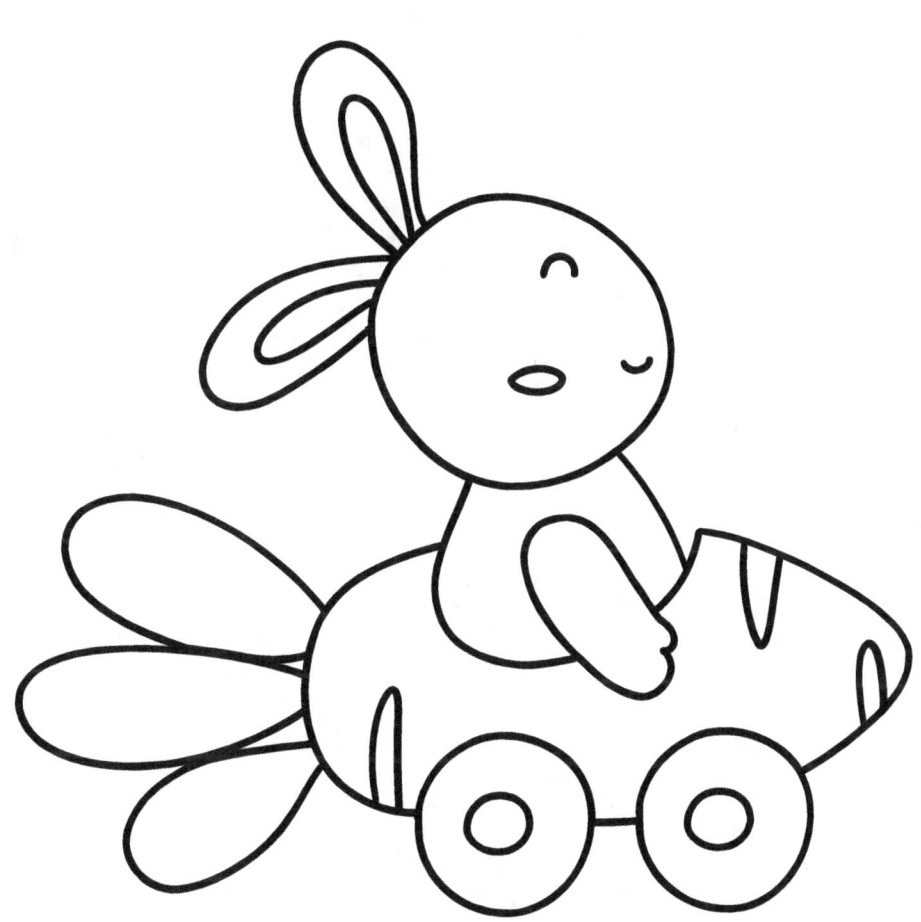

I'm Cruiser

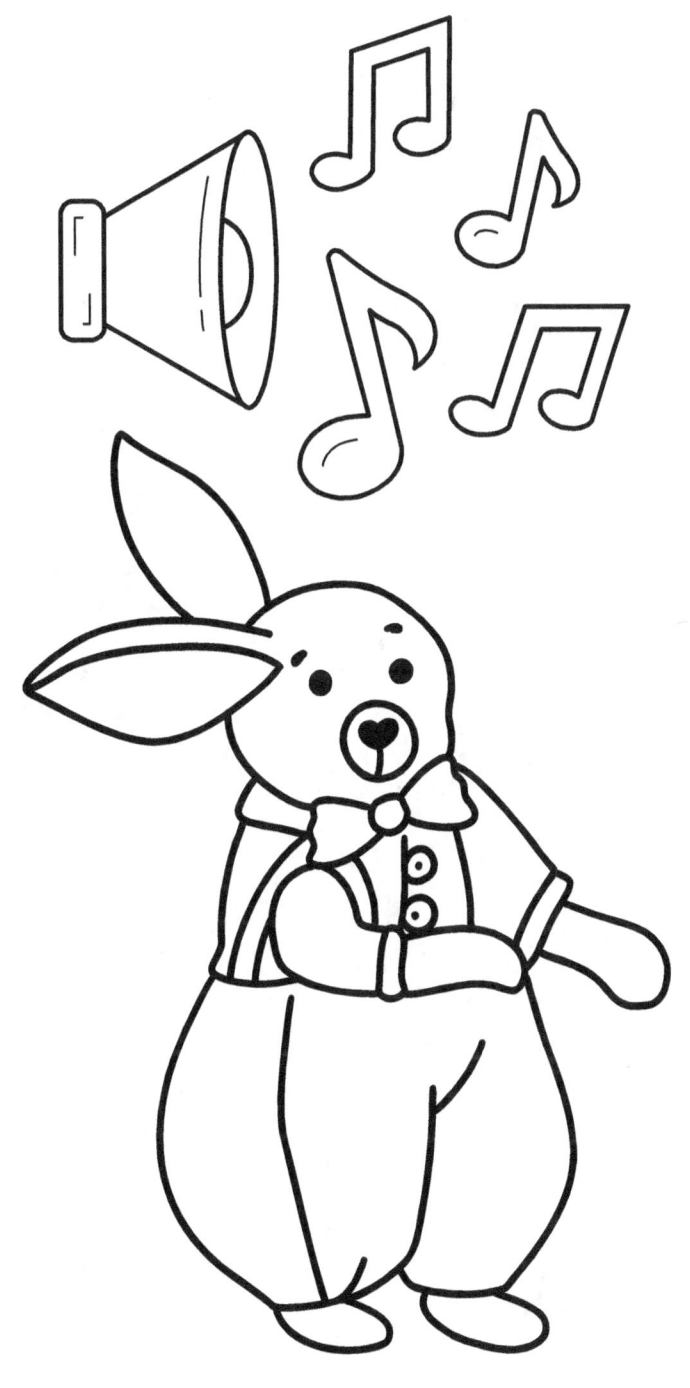

I'm Symphonius

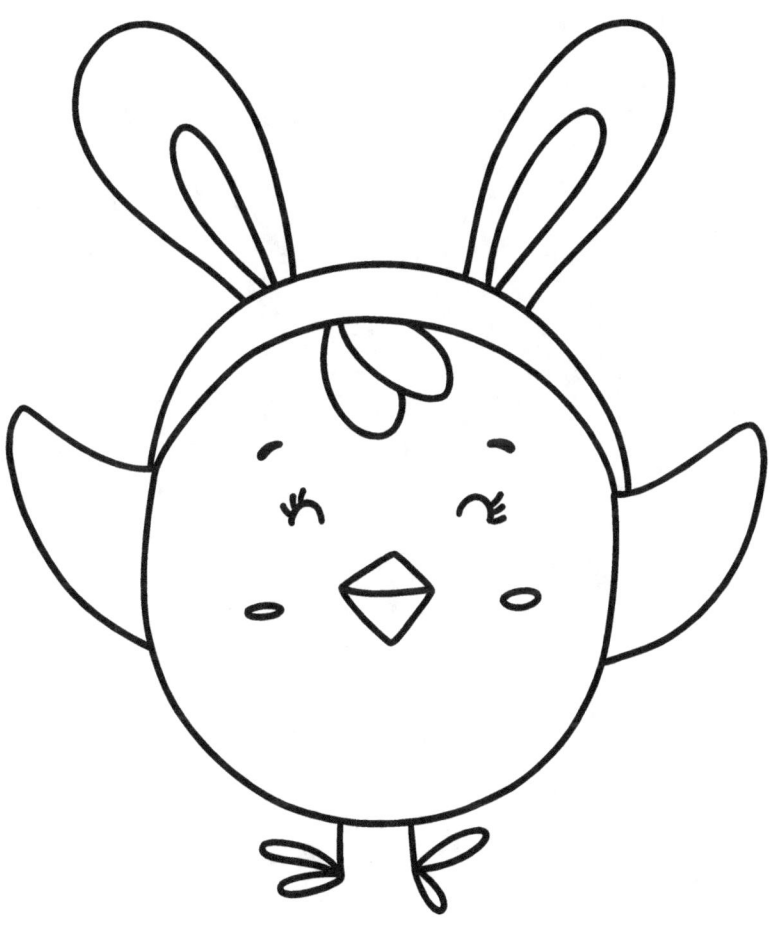

I'm Flapjack

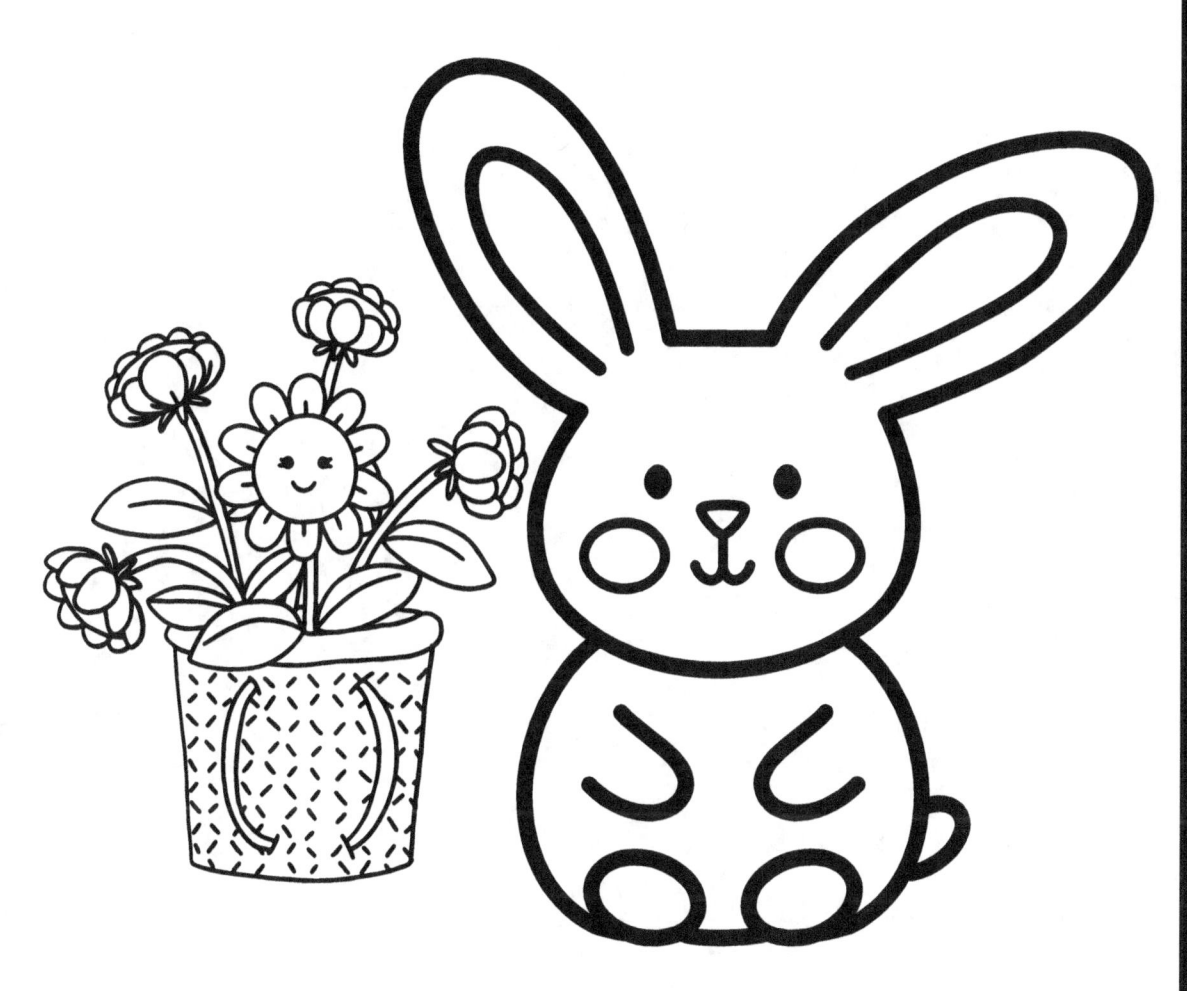

I'm Tulip

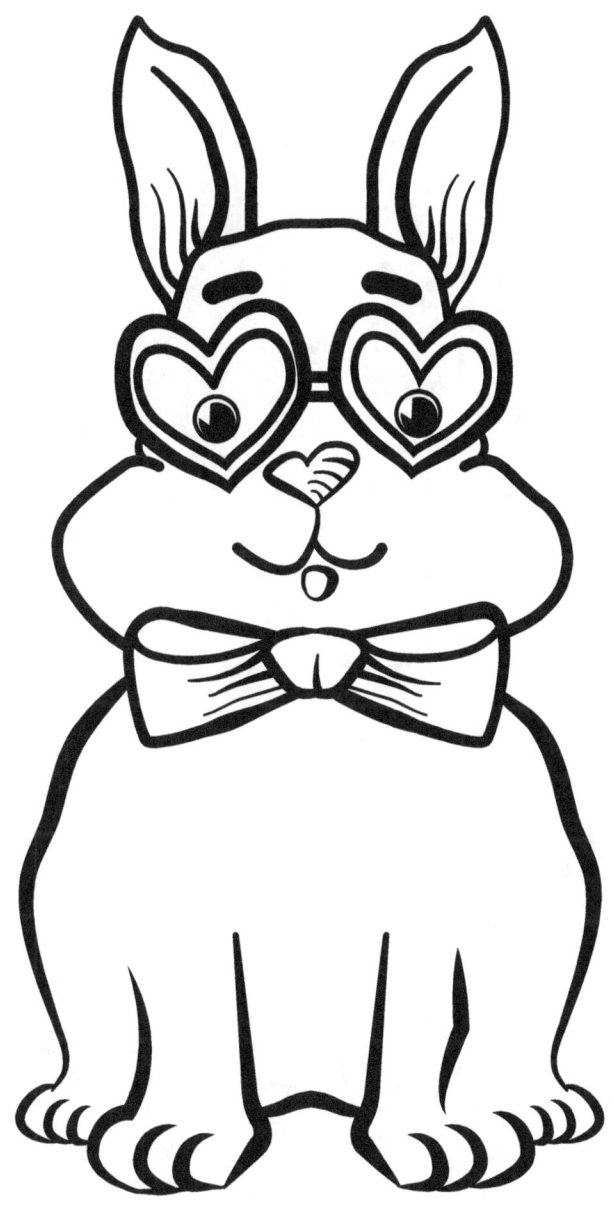

I'm Merlin

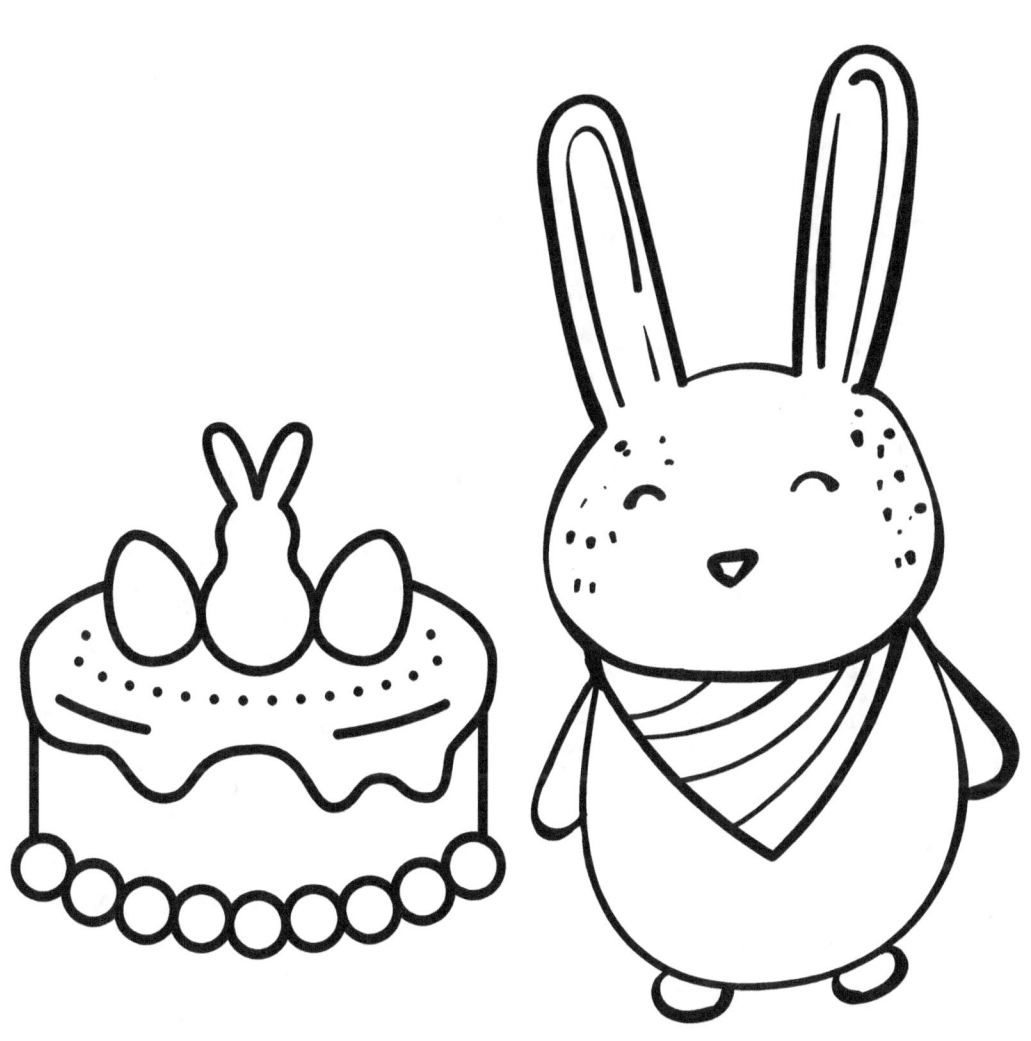

I'm Crumbs

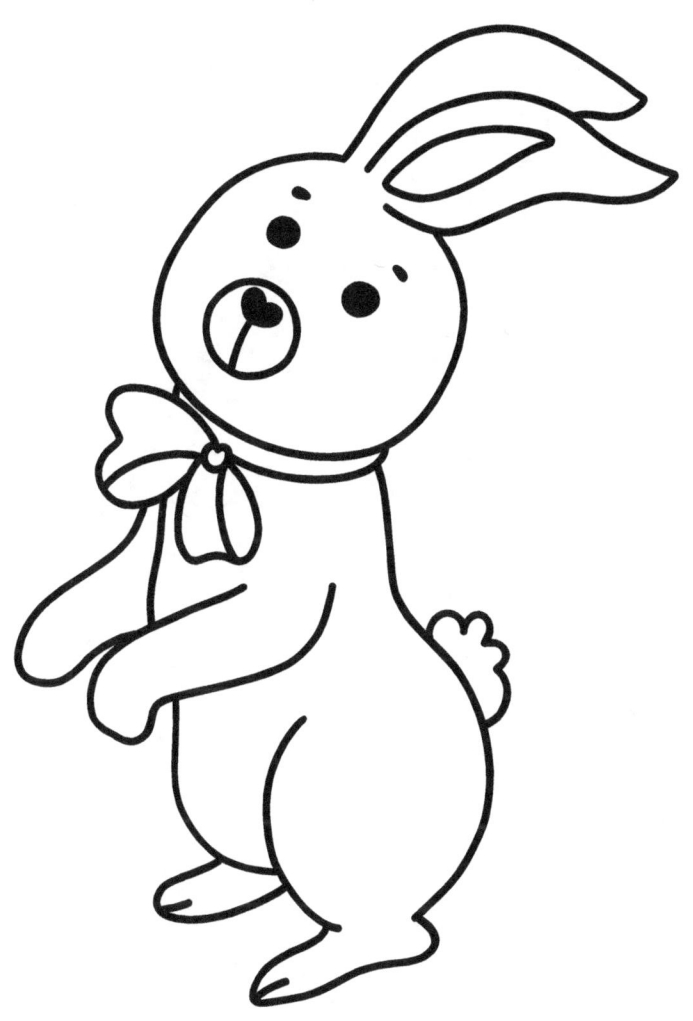

I'm Bunny Foo-foo

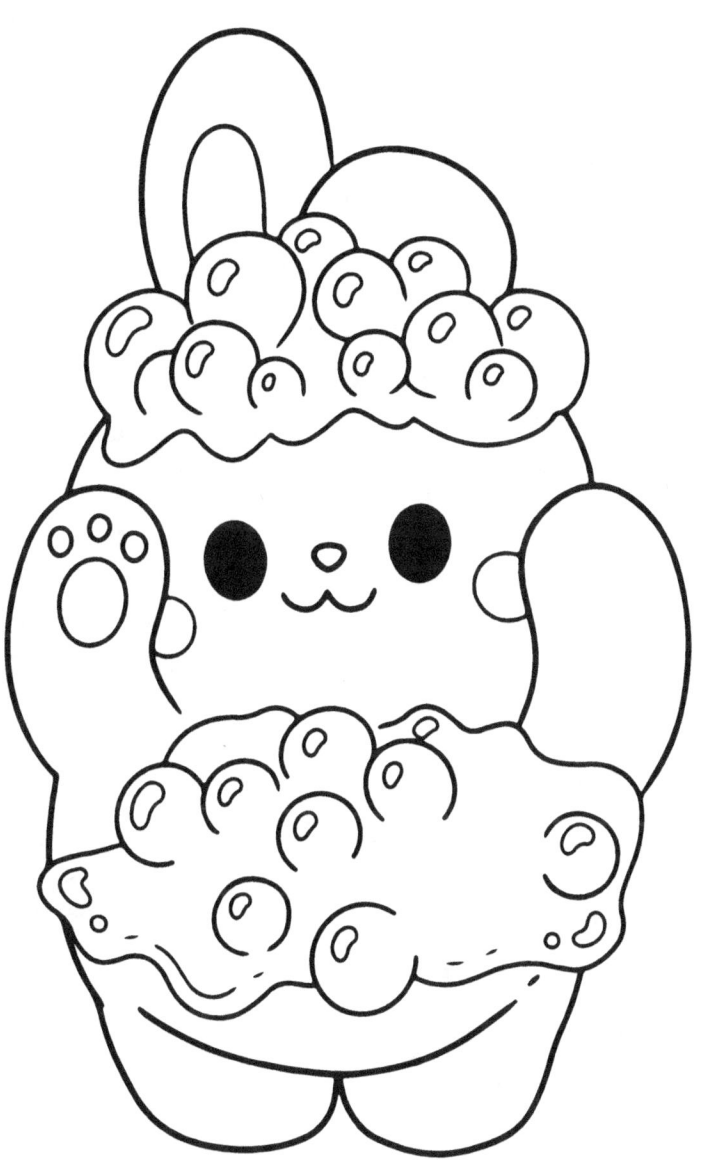

I'm Pie

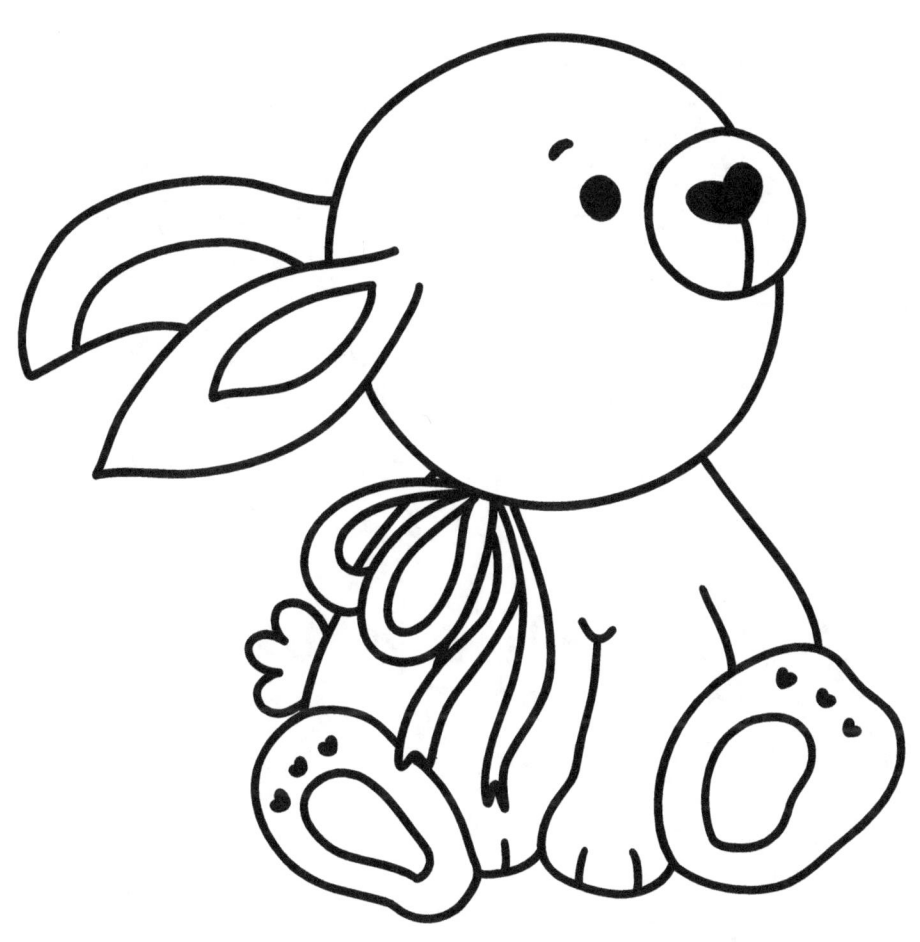

I'm Lovey

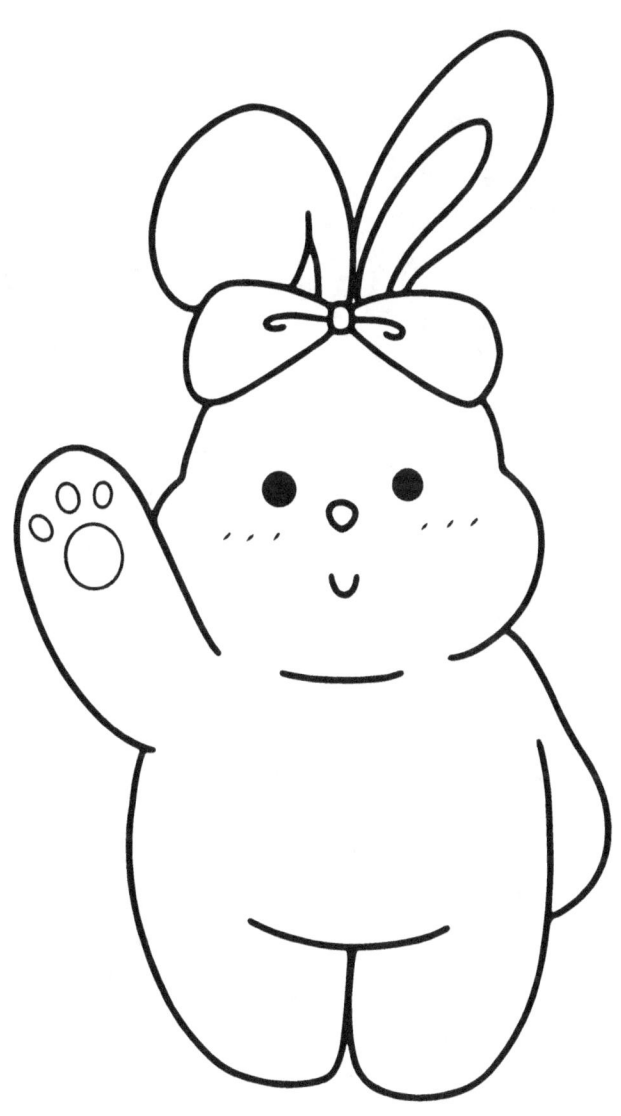

I'm Bunny

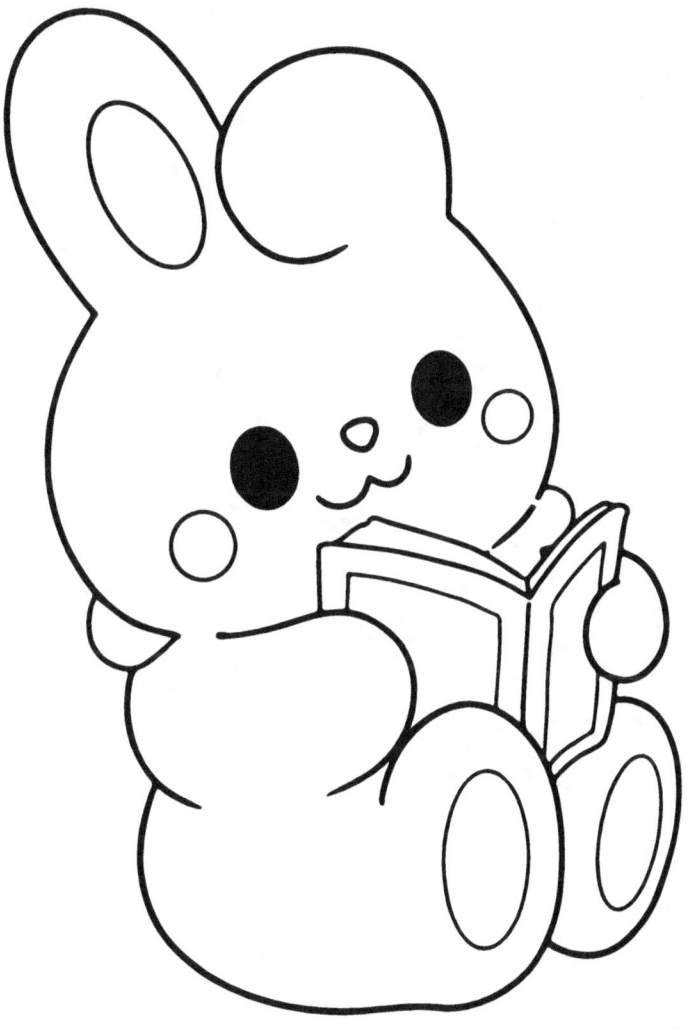

I'm Booky

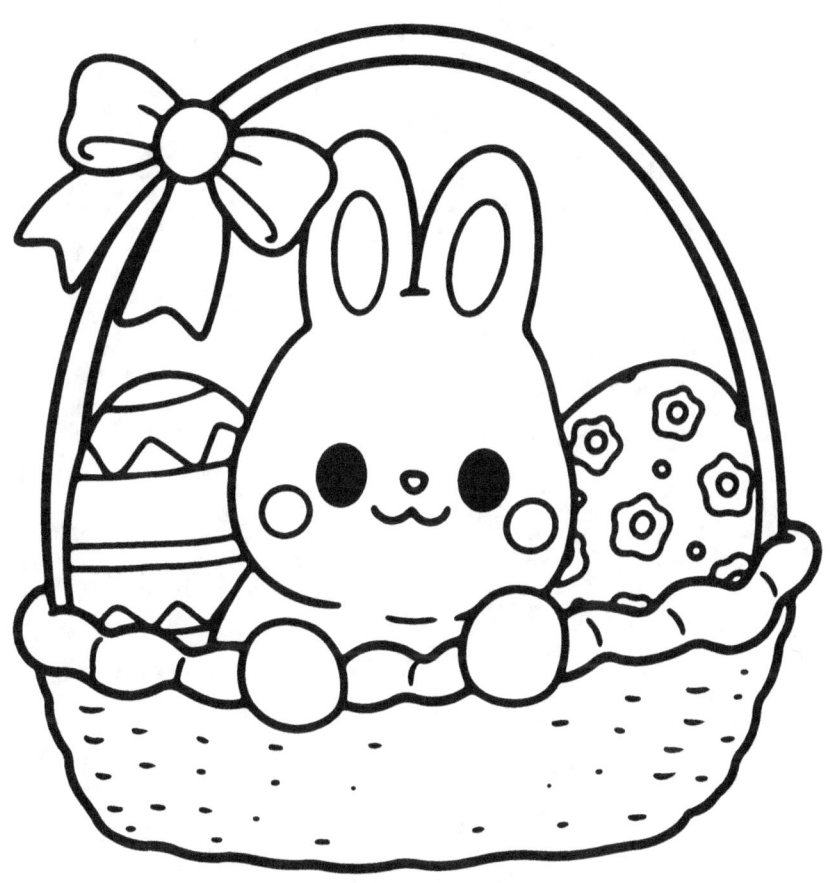

I'm Festive

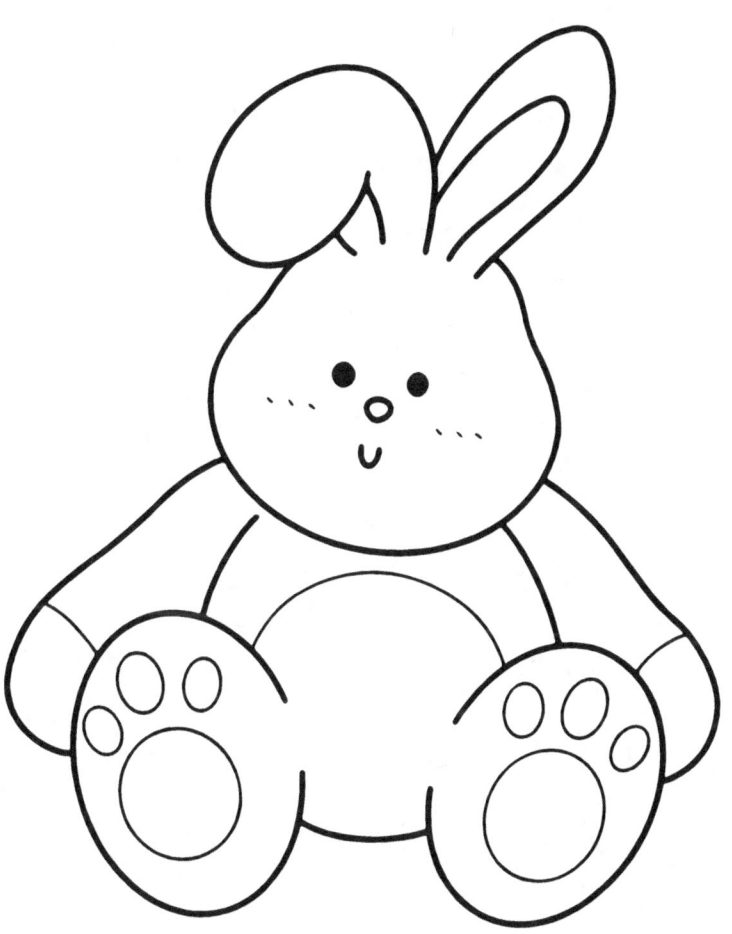

I'm Fluff

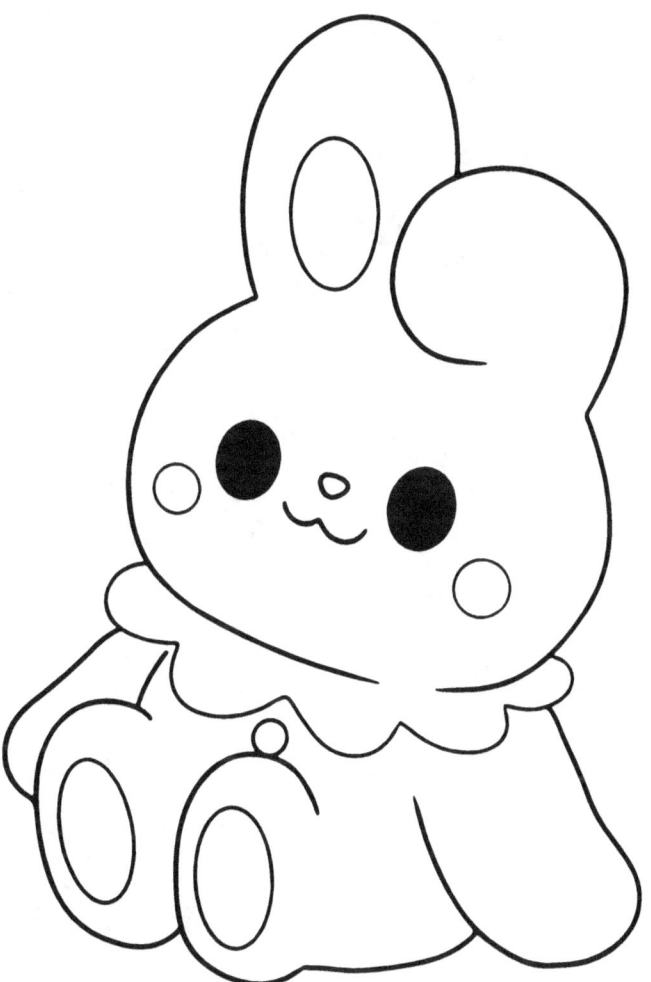

I'm Snuggles

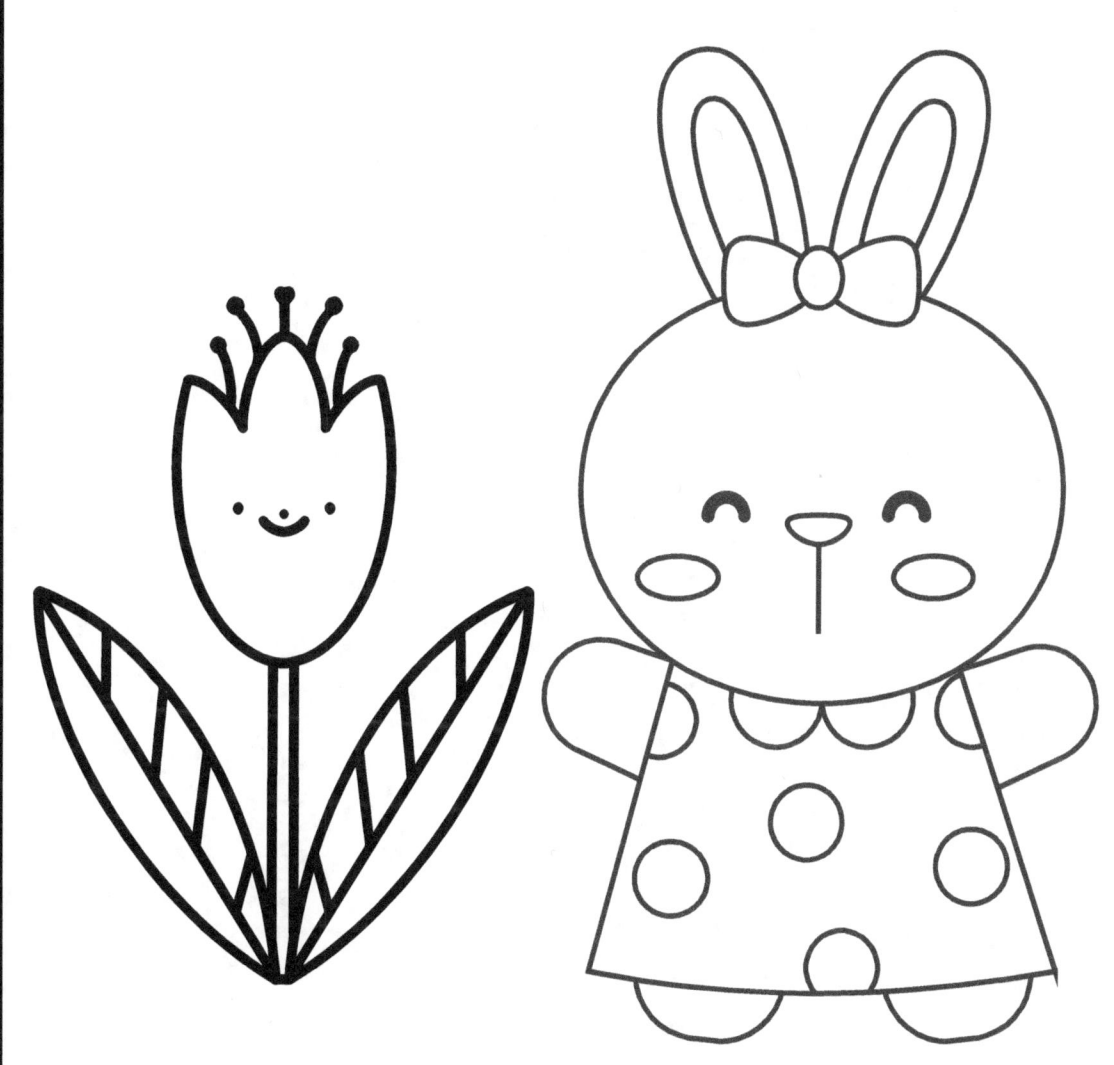

I'm Spring

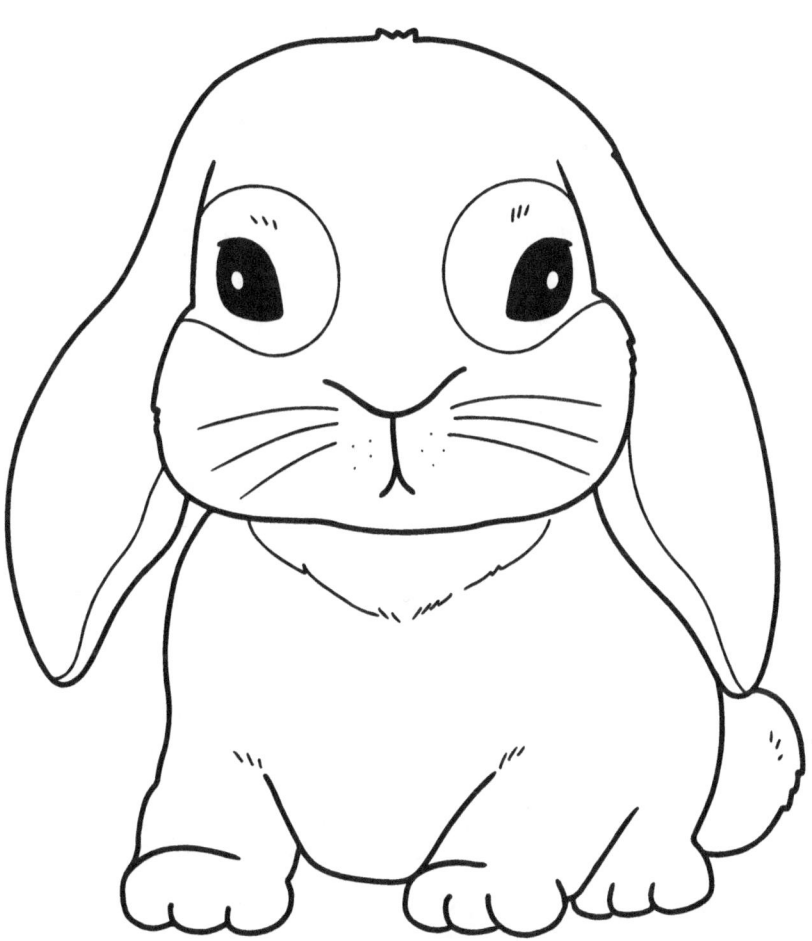

I'm Hoppy

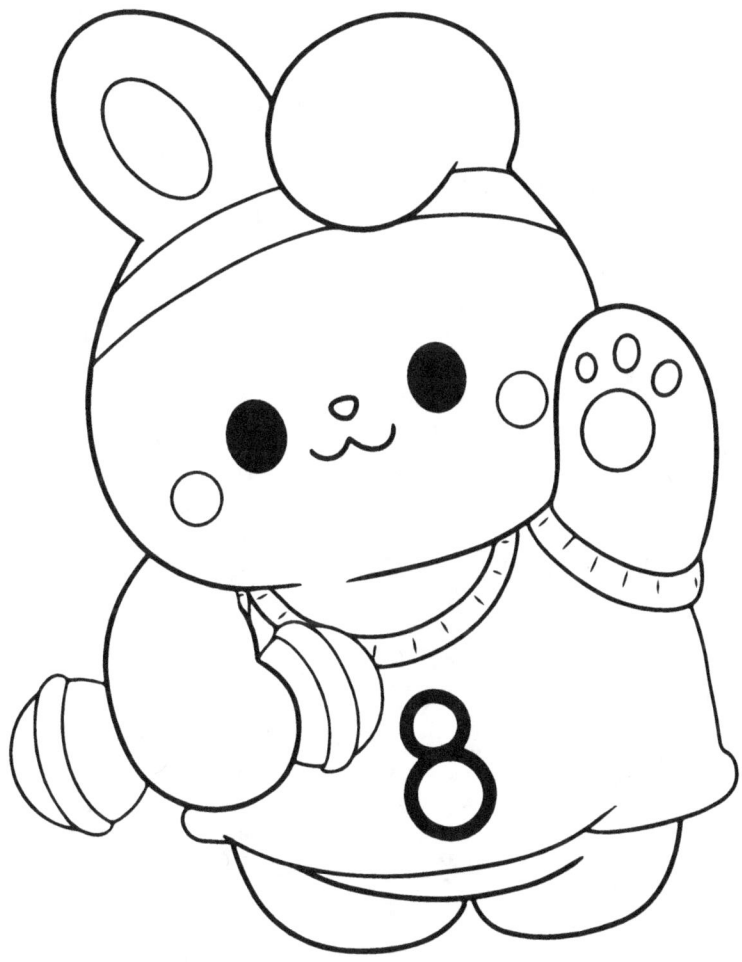

I'm Eclipse

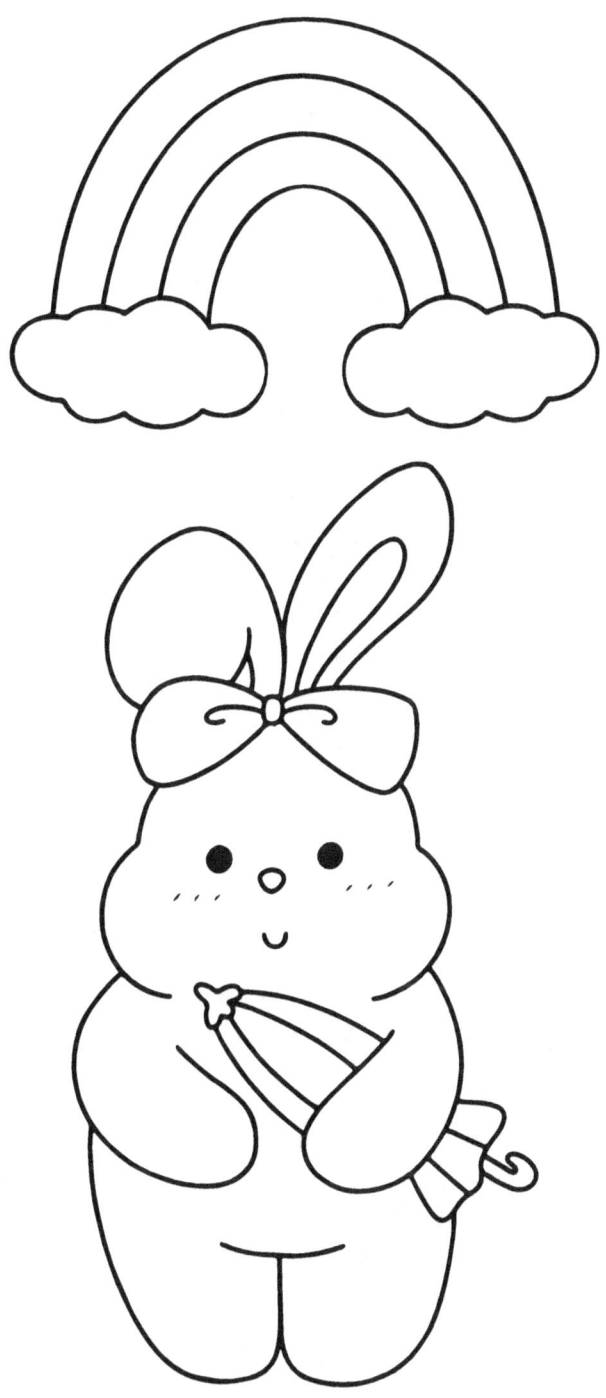

I'm Rainbow

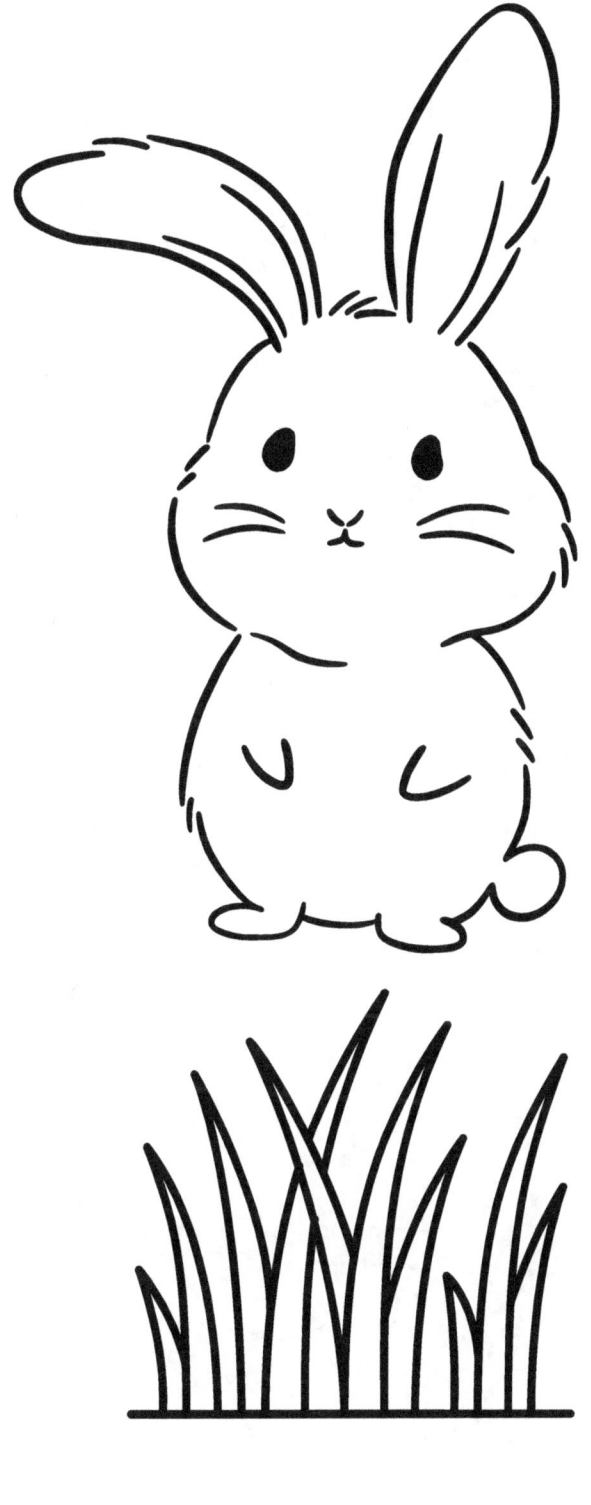

I'm Grassy

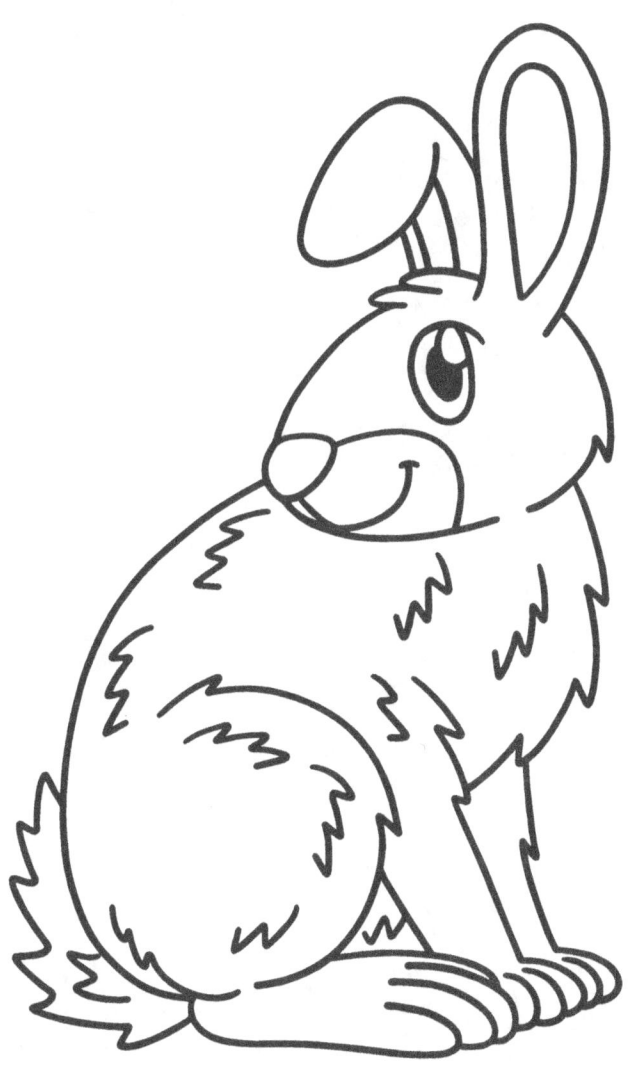

I'm Wiggles